AF200528

Verena Meyer

# Über Leben

Zwei Stücke für erwachsene Personen

Verena Meyer

# Über Leben

Zwei Stücke für erwachsene Personen

Die Deutsche Nationalbibliothek verzeichnet diese
Publikation in der Deutschen Nationalbibliografie;
detaillierte bibliografische Daten sind im Internet über
dnb.dnb.de abrufbar.

Foto Titel: © Verena Meyer, 2019

Herstellung und Verlag: BoD – Books on Demand,
Norderstedt

ISBN: 978-3-750410466

# INHALT

Über Leben

Leben ist ein Hauch nur -
ein verhallener Sang -
ein entfallener Rauch nur: -
Und wir sind das auch nur! -
Und es währt nicht lang.

Friedrich Baron de la Motte Fouqué

# P R O L O G

Die beiden Stücke für erwachsene Personen beschäftigen sich mit Einschnitten und Umbrüchen im Leben eines jeden Menschen: der plötzlichen Erkrankung und dem schleichenden älter werden.

Herausfordernde Situationen also, die alles Gewohnte durcheinanderwirbeln und die Gefühlswelt auf den Kopf stellen.

Sie geben dem Leben Fragen auf, nach Sinn und Unsinn, Illusion und Wahrhaftigkeit. Sie machen Endlichkeit sichtbar, aber auch das Wunderbare und Wesentliche.

Die Stücke können gelesen, aber auch für die Bühne bearbeitet und gespielt werden. In beiden Fällen mögen Worte und Szenen berühren und Impulse für das eigene (Über-)Leben geben.

# Wiederherstellung

Monolog für eine Frau in vier Teilen

von Verena Meyer

# RE ·HA ·BI ·LI ·TA ·TI ·O N

*Substantiv* [*die*]
mittellat.: *rehabilitatio*, „Wiederherstellung"
Reparatur, Instandsetzung, etwas in alten Zustand
zurückbringen, Gesundung, Heilung, med. Maßnahme
zur Wiedereingliederung einer erkrankten Person

# EINS

## Winterkälte
### *und andere (Immun-)Systeme*

Ich bin einer dieser Körper.

Einer dieser Körper, der wiederhergestellt werden muss.

Einer dieser Körper, der in seinen alten Zustand gebracht werden soll.

Was auch immer das bedeuten mag.


Am Morgen schäle ich mich mit schwerem Herzen und schmerzenden Gliedern aus dem Bett.

Ich setzte immer das linke Bein zuerst auf und springe dann über meinen Schatten.

Bevor ich das Zimmer oder das Haus verlasse, verabschiede ich mich von allem.

So, als würde ich es zum letzten Mal tun.

Als käme ich nie wieder.

Vielleicht wird es ja auch so sein?

Vielleicht kehre ich nicht wieder dahin zurück, wo ich hergekommen bin.


Meine Koffer waren gepackt.

Lange vor der Abreise.

Es wurde eine Liste geschickt, auf der Dinge standen, die unbedingt mitgebracht werden sollten:

Ein Bademantel, Sportschuhe.

In Klammern: mit weißer Sohle.

Ganz am Ende des Merkblattes stand: ggf. ein Föhn.

Das fand ich wirklich komisch.

Jetzt bin ich hier.

Mit Bademantel.

Ohne Föhn.

Gegebenenfalls kehre ich bald zurück.

Wiederhergestellt.

Rehabilitiert.


Oft frage ich mich, von was ich eigentlich rehabilitiert

werden soll?

Wie wäre er, mein „alter Zustand", wenn er denn

tatsächlich wiederhergestellt werden könnte?

Ich wäre nicht so schwerwiegend.

Ich hätte langes Haar. Bis zum Po fast.

Meine Hände wären nicht mehr taub.

Die Gelenke, sie würden weniger schmerzen.

Ich wäre wieder ich, irgendwie.

Leichtfüßiger. Leichtfertiger. Leichtgläubiger.

Auf jeden Fall leichter.

In der ersten Nacht habe ich von Bäumen geträumt, die knistern, als würde der Regen leise fallen. Von Zedern, durch die der Wind streicht und die ihre Arme ausstrecken, als seien sie bepelzte Diven im Mondschein. Ich habe von den Korbstühlen in der Praxis meiner Gynäkologin geträumt, die so knatschen, wenn man sich daraufsetzt und damit die angespannte Stille aufbrechen. Blicke auf sich ziehen. Und ich habe von dieser Stelle geträumt, dieser Stelle, die ich ertastet habe und die sich so anfühlt, als ob sie da nicht sein soll.

Es ging dann alles sehr schnell.
Ich war in einer dieser Praxen.
Habe gewartet, in einem dieser Zimmer, die alle gleich aussehen.
In der Menschen Drucke aufhängen von Chagall oder Monet oder Matisse.
Ohne nachzudenken.
Warum tun sie das?

Das Gerät?
Ein echtes Monstrum.

Warten auf ein Ergebnis.

Auf ein Urteil.

Gefühlte Stunden ...

Gezählte Sekunden ...

Millionen Herzschläge ...

Warten ist das Schlimmste.

Warten.


Es war nichts zu sehen.

Auf dem Bild.

Nichts zu sehen ...

Stellen Sie sich das mal vor.

Was für eine Hoffnung!


Wissen sie, was ich im Zug hierher bemerken musste? Wie lange ich nicht mehr mit einer Bahn gefahren bin. Obwohl ich das eigentlich mag. Wenn sie schaukelt und rattert. Ich fühle mich dann geborgen. Wie in einer Wiege. Die Gedanken können auf die Reise gehen, während man seinem Ziel entgegenkommt. Auch wenn man nicht weiß, was das Ziel sein soll. Ich habe vieles zu lange nicht mehr gemacht. Aber so was merkt man erst hinterher.

Ich bin durch viele Städte gekommen auf der langen Fahrt. In fast jeder kenne ich jemanden, den ich schon zu lange nicht mehr besucht oder angerufen habe. Ok, in Bremen, da kenne ich keinen. Außer natürlich die Stadtmusikanten. Aber die kennen ja alle. „Etwas Besseres als den Tod finden wir allemal ...“ und so.

Jeder möchte leben. So gut wie möglich. Alle, die im Abteil sitzen. Alle, die draußen auf dem Bahnsteig rumlaufen. Alle, in den Häusern, die vorbeiziehen … Träume … Und ich bin nur einer davon. Ein einziger, kleiner von vielen.


Am liebsten würde ich laut schluchzen.

Aber ich bin ja Erwachsen.

Ich verhalte mich ruhig und unauffällig.

Höflich. Angemessen.

Und ich frage mich, was ein Zuhause ist?

Ein Ort? Ein Gefühl?

Wenn es ein Gefühl ist, können wir es doch überall hin mitnehmen?


Ist ihnen das schon mal aufgefallen? Wenn Regen-tropfen an das Fenster eines Zuges prasseln, verrenken sie sich immer in die Fahrtrichtung. Sie bilden Streifen auf dem Glas. Ich will mich nicht mehr verrenken.

Als dann die Biopsie kam, zerplatzte meine gut genährte Hoffnung wie eine Seifenblase.
Alles ging wieder von vorne los.
Hinlegen, Glibber auf die Brust, Ultraschallkopf, ernster Blick.
Ein kleiner schwarzer Fleck auf dem Bildschirm, umgeben von anderem Schwarz.
Füße, die zu kribbeln beginnen.
Ein Kribbeln, das sich ganz langsam die Beine und den Rücken hinaufarbeitet, die Luft im Raum entweichen lässt.
Schlagartig.

Das Gerät macht einen Knall und schießt in das Gewebe.
Ein winziger Streifen, der kurze Zeit später in einem kleinen, mit Flüssigkeit gefüllten Töpfchen schwimmt und über das weitere Leben entscheidet.
So winzig.

Und dann?

Einfach so.

Bang!

Steht plötzlich diese Diagnose in deinem Leben.

Groß, grell und blinkend, wie die Leuchtreklame auf einem Hochhaus.

Und du wartest auf eine Explosion, die aber nicht kommt.

Stattdessen passiert nichts.

Die Belüftung läuft weiter.

Die Uhr tickt weiter.

Wie gehabt.

Worte wabern durch den Raum:

*Nichts überstürzen ... in Ruhe überlegen ... Tumorbiologie ... Operation ... Schaffen das schon ...*

Und man hat das Gefühl, man hat mit all dem gar nichts zu tun.

Vielleicht hätte ich weinen sollen oder zusammenbrechen oder so etwas in der Art.

Aber das ist nicht passiert.

Ich gehe das Meer begrüßen.

Ziehe Luft in die Lungen ein. Ganz tief.

Und vergesse die Zeit.

Und meinen Therapieplan.

Ich bin nicht so schnell wie die Planung.

Ich bin so langsam wie die Wolken über dem Meer.

Ich muss mich erst in Bewegung setzen.


Meine Turnschuhe haben eine schwarze Sohle.

Ich ziehe sie aber trotzdem zur Gymnastik an.

Wir sitzen auf großen, aufgeblasenen Bällen und heben
die Arme, mal nach oben, mal zur Seite.

Werfen die Bälle in die Luft und fangen sie wieder auf.

Balancieren sie durch den Raum.


Nach dem Abendessen kann ich meistens nur noch
starren.

Mein Kopf ist leer und mir tut alles weh.

Man muss eben immer wieder nach oben klettern und
wieder hinunter gestoßen werden.

So lange, bis die Wahrheit in ihrer ganzen
Scheußlichkeit bei einem ankommt.

Vor der Operation werde ich mit einem lila Filzstift bemalt.

Lila Linien dort, wo die Schnitte gemacht werden.

Eine im Halbkreis oberhalb der rechten Brustwarze.

Eine unter der rechten Achsel, wo die Lymphen sind.

Ein Kreis, da, wo sich der Tumor befindet.

Wenn einem so auf dem Busen rum gemalt wird, kommt man sich ganz schön blöd vor.

Es gibt dann nichts Intimes mehr.


Und zusätzlich ist da noch folgendes Problem:

Wie sagt man es den Menschen, die man am meisten liebt? Einfach mit der Tür ins Haus? „Reich mir mal den Zucker und übrigens, ich habe Krebs!" Oder ganz vorsichtig? „Ich muss euch etwas sagen, etwas Schlimmes …" Man glaubt es ja selbst nicht. Gerade erst war ich in der Provence. Im Urlaub. Habe an dem kleinen Marktplatz gleich bei der Kirche einen Café au Lait getrunken. Da dachte ich noch, ich bin gesund und trinke Café au Lait. Jetzt habe ich Krebs. Einfach so. Ganz plötzlich. Und muss das meinen Eltern sagen.

Meine Mutter freut sich jedes Mal so sehr, wenn sie Besuch bekommt.

Servietten mit Sonnenblumen. Glatt gestrichen.

Mutter setzt sich zu mir, nimmt meine Hand, lacht, beginnt zu erzählen, über ihren schlimmen Rücken und die Nachbarn und wem es wie geht und wer wie gestorben ist. Dann: eine kurze Pause. Meine Chance. Los jetzt! Los!


Ich habe dann über alles erzählt.

Das Mammografiegerät.

Die Hoffnung.

Den schwarzen Fleck auf dem Ultraschallbild.

Den winzigen Fetzen Gewebe, der dort in dem Töpfchen schwamm.

Über die Belüftungsanlage in dem Raum.

Und die Uhr ...


Und musste irgendwann doch dieses Wort in den Mund nehmen.

Das ist es eben, was ich habe.

Man kann nicht drum herumreden.

Aber kaum zappelt es auf der Kaffeetafel, hebt meine Mutter den Blick, schaut meinen Mann an, der ihr im großen Polstersessel gegenübersitzt, und sagt zu ihm: „Ach, da tust du mir aber leid!"

Kennen sie eigentlich den?
Was ist blau, aus Plastik und hat 40 Brustwarzen?
Ein Müllsack vom Brustkrebs-Zentrum!

Oder den:
Mami, Mami ich habe eine 6 in Mathe.
Macht nix, du hast eh Krebs!

Oder:
Jetzt sind wir schon in der *Onko*logie und es gibt nicht mal guten Kaffee.

Verstehen sie? *Onko* - der Genießer Kaffee!!! Die Krönung!
Das sagt mein Liebster, als er mit zwei dampfenden Pappbechern aus der Kantine des Krankenhauses kommt.
Humor statt Tumor!

Unser Überlebensmotto.

Am Tisch im Speisesaal unterhalte ich mich mit der Frau, die mir gegenübersitzt.
Wir erinnern uns daran, wie die Menschen um uns herum auf unsere Diagnose reagiert haben und teilen sie in Kategorien ein:

Die Pragmatiker: Das wird schon wieder. Du schaffst das schon …

Die (Mit-)Leidenden: Oh nein, wie schrecklich. Du Ärmste. Um Gottes willen …

Die Humorvollen: Wenn du dich besaufen willst, komm vorbei!

Die „Abtaucher": Sie sind plötzlich weg und schweigen, als wärst du schon gestorben.

Was macht es eigentlich so schwer, sich dem Krebs zu stellen?
Mit ihm umzugehen, wie mit einem Schnupfen?

Vielleicht, zitiere ich, weil die wenigsten Menschen an einem Schnupfen sterben und der Tod ja irgendwie immer auch eine Nebenwirkung vom Krebs ist.

Ja, das Schicksal ist ein mieser Verräter.

Und dann sind die Leute eben überfordert.

Das kann man ihnen nicht vorwerfen.

Ich spüre, dass ich nicht so fit bin, wie vorher.

Ich bin verändert.

Ich soll es als Herausforderung sehen, hat eine Psychologin gestern gesagt.

Ich versuche es ja. Ehrlich!

Schon vor dem Aufstehen gehe ich aufs Ergometer. Zwanzig Minuten strampeln und sich doch keinen Zentimeter von der Stelle bewegen. Durch das große Fenster kann man nach draußen schauen. Auf die kahlen Baumgerippe. Meisen fliegen vorbei. Kriegen Meisen eigentlich auch Krebs?

Am Weihnachtswochenende werde ich aus der Klinik entlassen.

Mit Drainagen, die jeweils zu den zwei Wunden führen.

Schläuche, verbunden mit Plastikflaschen, die Blut und Wundwasser auffangen.

Ich trage sie in einer kleinen pinkfarbenen Mädchentasche mit mir herum.

Mein Mann nennt mich deshalb immer „mein kleiner Borg", weil ich offenbar aussehe wie eine Spezies aus Star Trek.

Der Heilige Abend?

Ich habe alles aufgesaugt, als wäre es das erste Mal.

Oder das Letzte.

Den Duft, die Lichter, die Lieder …

Das ist es, was eine Katastrophe bewirkt:

Sie löst Unsicherheit auf und Bedenken.

Zumindest für eine Weile.

Ich habe mich noch nie so ruhig gefühlt. So sehr bei mir. So zuversichtlich.

Das ist doch irre!


Zwischen den Feiertagen wird der rechte Arm ganz dick.

Die Wunde muss punktiert werden, weil sich dort ganz viel Wundwasser gesammelt hat.

„Legen sie sich mal da hin," befiehlt die Ärztin ruppig und haut mir mit aller Wucht eine Spritze in die Achsel, um das Wundwasser zu entfernen.

Danach nimmt sie meine Unterlagen zur Hand und geht die Akte durch:

„Herr Krause hat sie behandelt? Sie kennen ihren Befund? Tumor vollständig entfernt. Intraoperative Bestrahlung. Metastase in der Wächterlymphe. 11 Lymphen entfernt. Adjuvante Chemotherapie mit ..."

„Chemotherapie?"

Ich schnelle so abrupt von der Liege auf, dass mir ganz schwarz vor Augen wird.

„Hat sie Dr. Krause noch nicht über die weitere Behandlung informiert?", fragt Frau Dr. Ruppig nun etwas vorsichtiger.

Nein, hat er nicht.

Er hat nur etwas von Weihnachten feiern gesagt.

Von, dann mal weitersehen ...

Von, das wird alles schon ...

„Meine Haare, was ist mit meinen Haaren? Werden meine Haare ausfallen?"

Ja, werden sie.


Heute Morgen war ich im Schwimmbad. Wasser beruhigt, wenn es einen trägt und einem alles Gewicht abnimmt. Wenn die Ohren unter Wasser sind, ist das ein schönes Gefühl, weit weg von der Außenwelt. Als wäre man in sich drin. Mit dem eigenen Herzschlag. Mit dem eigenen Summen in den Venen. Nach einer Weile kämpft sich die Sonne durch die Wolken und spiegelt Wasser-Geflimmer an die Kacheln. Das ist ein wunderbarer Moment.


Übrigens:

Es gibt eine Frau hier auf der Insel, die ist vor fünfundzwanzig Jahren wegen einer Rehabilitation hergekommen.

Damals hatte der Arzt ihr noch zwei Jahre zu Leben gegeben.

Spontan entschied sie sich deshalb, mit ihren zwei Koffern am Meer zu bleiben und sich damit einen Lebenstraum zu erfüllen.

Nun ist sie immer noch da.

Nur der Arzt, der ist in der Zwischenzeit verstorben.


Am Tag meiner ersten Chemotherapie scheint die Sonne strahlend zum Fenster herein.

In den Sesseln sitzen wir wie die Hühner auf der Stange.

Rechts neben mir ein großer, ausgemergelter Mann.

Seine Haut ist ganz gelb, auf dem Kopf heller Flaum wie bei einem Säugling.

Auf der anderen Seite eine korpulente Frau mit einem Beatmungsgerät zwischen den aufgequollenen Füßen.

Es pumpt Luft in ihre Lunge und macht dabei regelmäßige, röchelnde Geräusche.

Und mitten drin in diesem Gruselkabinett: ICH.

Was für eine Zumutung, mit all diesen kranken Menschen in einem Raum zu sitzen, denke ich und ...

Ich bin es auch!

Was für eine Zumutung!


Und dann:

Sechs Stunden sitzen und zuschauen, wie eine Infusion nach der anderen in den Körper tropft.

Langsam.

Sehr, sehr langsam.

Gift.

Gift, das nicht auf die Haut kommen darf, weil es sonst Verätzungen hervorruft.

„Gift" heißt Geschenk auf Englisch.


Nur zwei Wochen später stehe ich morgens vor dem Spiegel, nehme meine Bürste in die Hand, setze sie auf der Kopfhaut an und streiche langsam durch meine Haare und plötzlich ist die Bürste voll von einem riesigen blonden Büschel.

Ich erschrecke mich so sehr, dass ich die Bürste auf die Badezimmerfliesen pfeffere als wäre sie elektrisiert.

Vorweg hatte ich immer groß getönt, dass ich mir die Haare selbst abrasieren würde, sobald die ersten ausfallen.


Aber jetzt?


Ich habe drei Tage gebraucht.

Drei Tage Anlauf.

Dann habe ich sie mir von einer guten Freundin
abrasieren lassen.
Ich wollte nicht zusehen müssen, wie sie ausfallen.
Wollte nicht aufstehen und sie auf meinem Kopfkissen
liegen sehen.

Der erste Blick in den Spiegel war furchtbar.
Das Verlieren der Haare war für mich das Schlimmste
überhaupt.
Es hat alles zuvor Verborgene sichtbar gemacht: die
Veränderung, die Ohnmacht.
Da helfen auch alle gut gemeinten Tröstungen nicht:
„Das wird schon" oder „Die wachsen ja wieder nach!"
Sagen sie so was nicht.
Was soll man denn damit anfangen?

Nach der zweiten Chemo kommen alle vom Arzt
angekündigten Nebenwirkungen in einem Schwung:
Übelkeit, Fieber, entzündete Mundschleimhäute …
Alles schmeckt nach Pappe.
Ich esse fast nichts und nehme trotzdem zu.
Das Cortison bläht auf.
Das Gesicht sieht aus wie ein Pfannkuchen.

Da ist nur mehr eine Glatze mit dickem Arsch und verstopftem Bauch.

Und die Seele?
Sie ist eher so ein schrumpeliger Ballon, aus dem die Luft raus gelassen wurde und der wie nach einem ausgelassenen Kindergeburtstag auf der Erde herumliegt.
Weil die Party vorbei ist.
Der Drops gelutscht.
Fertig, aus, Ende?

## ZWEI

## Sommersonne
*und andere Bestrahlungen*

Ich bin einer dieser Körper.

Einer dieser Körper, der wiederhergestellt werden muss.

Einer dieser Körper.

Was auch immer ...

Dann ist irgendwann Sommer.

Die Ferienkinder fahren mit bunten Badesachen an den See.

Toben auf dem Bolzplatz nebenan und ihre Schreie tönen bis zu unserem Garten hinüber.

Stellt euch das vor:

Überall riecht es nach Wiese und Sonnencreme.

Ich feiere meinen vierundvierzigsten Geburtstag.

Mit harten Venen.

Tauben Füßen.

Tauben Händen.

Und tue so, als gäbe es kein Morgen.

Aber dann steht das Morgen doch vor der Haustür.

Um 9 Uhr schrillt die Türklingel.

„Das Taxi ist da", ruft es.

Das Taxi in die Radiologie.

Mein Körper ist jetzt zur Wasserwaage geworden.

Millimeter genau markieren schwarze Kreuze auf der

weißen Haut, wo die Strahlungen ihn treffen sollen.

Diese Kreuze müssen dableiben.

Sechs Wochen lang!

Sechs Wochen lang. Nicht waschen.

Sechs Wochen lang. Nicht baden.

Egal, wie heiß es ist.

Egal, wie viele Kinder mit bunten Badesachen an den

See fahren.

Egal!

Meine nächsten 120 Tage sehen so aus:

Um 9 Uhr kommt das Taxi.

Ich steige ein.

Die Fahrt zur Klinik dauert zwanzig Minuten.

Ich steige am Hintereingang aus.

Folge den Schildern durch Glastüren und graue Flure.

Werfe mein orangefarbenes Heftchen in den

Ablagekorb an der Anmeldung.

Setze mich auf einen der Stühle und warte.

Eine Lautsprecherstimme sagt irgendwann:

„Frau O bitte in Kabine eins".

Dann gehe ich in Kabine eins.

Manchmal sagt sie auch:

„Frau O in Kabine zwei."

Dann gehe ich in Kabine zwei.


Ich mache den Oberkörper frei und warte erneut, bis
mich jemand abholt.

Im Bestrahlungsraum breite ich mein rotes
Badehandtuch, das mit der Sonne und den Wellen
drauf, über das Gerät und lege mich hinauf.

Die Beine auf die Kniestützen, den Kopf in die dafür
vorgesehene Vorrichtung, die Arme nehme ich nach
oben.

Der Körper wird Millimeter genau ausgerichtet.

Dann verlässt der Pfleger den Raum und das Gerät
beginnt, um mich herum zu schweben.

Groß. Lautlos. Unheimlich.


Die unsichtbaren Strahlen fallen auf meine Narben, auf
die Lymphein- und -ausgänge.

Ultraharte Röntgenstrahlen oder Elektronen oder so was Ähnliches dringen tief ins Gewebe ein, um Krebszellen zu bekämpfen.

Ich bekämpfe meine Unruhe.

Darf mich nicht bewegen.

Fast habe ich Angst, zu atmen.

Also sage ich mir selbst Gedichte auf.

*An jenem Tag im blauen Mond September ...*

*Sei still, es wird vorüber geh'n ...*

Jeden Tag geht das nun so.

120 Tage lang.

Immer der gleiche Ablauf.

Manchmal kommen die Gespenster trotzdem. So sehr ich auch an ein Happy End glaube. Alpträume handeln nicht immer von den Alpen. Sie handeln auch von Infusionsnadeln, die im Körper stecken. Unzählige Infusionsnadeln, die giftige Flüssigkeiten in den Körper pumpen. Die Venen treten blau und grün hervor und zerplatzen schließlich unter dem Druck. Blut und

Flüssigkeit spritzen auf die Gesichter all der Menschen ohne Haare, deren Haut gelb und grau und jetzt voller roter Flecken ist. Alle schreien. Aber niemand kann weg. Sie zerren an den Schläuchen. „Schon acht Jahre Chemo", flüstern die Stimmen, „erst schien alles gut, aber dann kamen sie wieder, die Metastasen." Strahlen brennen sich in die Haut. Hände halten Ohren zu, aber die Stimmen werden nicht leiser. Münder erbrechen rotes Gift. Verbrannte Haut schält sich vom Körper.

So was halt.

Natürlich würde ich viel lieber von sonnigen Bergen und friedlichen Kühen auf saftigen Weiden träumen. Aber man kann den Krebs ja nicht in einem Retour-Paket an einen Versandhandel zurückschicken, umtauschen und dann schreien vor Glück.

*Du scheiß Krebs,*

*niemand hat dich gebeten zu kommen, in mein Leben zu treten und ungefragt so viel Raum einzunehmen. Mir Angst zu machen, mich krank zu machen, mir all dieses Gift zuzumuten. Du bist zu nichts gut. Du machst überhaupt keinen Sinn. Das Einzige, was du kannst, ist kaputt machen. Einen Körper. Und die Seele. Du wächst einfach in mir, ohne dass ich das will, stellst mein Leben auf den Kopf, von heute auf morgen. Was fällt dir eigentlich ein, du verficktes Etwas! Das ist nicht fair. Mein Arm ist blau. Meine Venen sind hart. Ich träume schlechte Sachen. Ich habe Angst zu sterben. Warum kommst du gerade zu mir? Warum ich? Du bist einfach nur scheiße. Verpiss dich.*

*Mit unfreundlichen Grüßen.*
*Frau O*


Irgendwo muss ich mit all den Gefühlen ja hin, die mich überfallen wie ein unangekündigter Hagelschauer.

Die Gefühlskörner, die mich treffen, sind wirklich riesengroß.

Wut, Trauer, Schmerz, Ratlosigkeit.

Bang. Bang. Bang.

Sie treffen auf den Kopf und in den Magen, auf den Rücken und ins Herz.

Regnen aus mir heraus.

Deshalb wähle ich eine Leinwand und einen Pinsel, die beide genau so groß sind wie diese Gefühle und einen Topf mit roter Farbe.

Ich stelle mich vor die weiße, bespannte Fläche, tauche den Pinsel ganz fett in den Farbeimer und haue das Rot mit aller Wucht auf die Leinwand.

Einmal, zweimal, dreimal, immer und immer wieder.

So lange, bis mir die Luft ausgeht.

Das Rot breitet sich auf dem Bild aus, hinterlässt Einschläge und Flecken und Narben.


Die Haare, die ganz langsam zurückkommen, bedecken noch nicht den ganzen Kopf.

Vorne, über der Stirn, sind zwei Stellen vom Wachstum nicht berücksichtigt worden.

Dadurch sehe ich aus wie ein kleines Teufelchen mit Hörnern.


Die Haare fühlen sich an wie Babyflaum.

Sie sind nicht golden wie zuvor, sondern aschblond.

Aber, es sind Haare. Immerhin!

Mit diebischer Freude schleiche ich im Supermarkt um das Regal voller bunter Shampoo-Flaschen herum.

Es gibt sie ja in allen Größen und Formen und Farben. Fast wird mir schwindelig von der riesigen Auswahl an bunten Versprechungen: kräftiges Haar, glänzendes Haar, Standkraft und Volumen.

Ja. Das möchte ich. Alles!!!


Mein Haar soll wieder kräftig sein, in der Sonne glänzen wie früher und ich, ich soll dann wieder die Frau sein von vor dem Krebs.

Also kaufe ich Hair Volume Shower und gehe damit stolz und zufrieden nach Hause.

Unter der Dusche schäume ich meine magere Haarpracht üppig mit dem Shampoo ein und bekomme sofort das Gefühl, dass es schon jetzt wirkt.


Es wächst.

Es breitet sich aus.

Ich breite mich aus.

Ich werde größer.

Wie wunderbar es doch sein kann, den Kopf gewaschen zu bekommen.

Wenn hier abends in der Cafeteria Disco ist, sie glauben nicht, was dann abgeht.

Egal, welche Lieder gespielt werden.

Egal, ob man die Musik mag oder nicht.

Egal, was gestern war, was morgen sein wird.

Da wird auf den Tischen getanzt.

Da kommen sie, all die Frauen, mit ihren gewaschenen Haaren.

Mit roten Lippen.

Mit hohen Schuhen.

Mit der schönsten Kleidung, die sie in ihrem Koffer finden konnten.

Sie wollen feiern.

Mit aller Macht.

Sie feiern das Frausein.

Sie feiern das Leben.

Sie feiern sich selbst.

Da werden die Kurzhaarfrisuren geschüttelt, was das Zeug hält.

Ich habe in meinem Leben noch nie so viel Freude auf einem Haufen gesehen.

Niemand würde meinen, er sei hier in einer onkologischen Reha.

Niemand!!!

Oft bin ich gefragt worden, ob das alles Sinn macht.

Ob die Krankheit Sinn macht.

Ich denke: JA! Irgendwie schon.

Sie hat mich intensiver zum Sterben geführt.

Und damit auch intensiver zum Leben.

Zu meinen Empfindungen.

Das Wesentliche definiert sich neu.

Ich möchte mein Leben nicht mehr mit Dingen

vergeuden, die für mich keinen Sinn machen.

Ich bin achtsamer mit mir.

Nicht immer.

Aber immer öfter.

# DREI

## Herbstzeitlose
*und andere Goldblättchen*

Ich bin einer dieser Körper.

Einer dieser Körper, der … möchte.

Ich bin eine!

Ich stehe auf und könnte sofort losweinen.

Ich weiß nicht warum.

Ich raffe mich auf, gehe hinaus, durch den Wald, zum Strand.

Und dort offenbart sich mir in der Morgensonne die ganze Weite der Welt. Das Wasser ist tiefblau. Gelbe Herbstblätter rieseln darüber. Das ist so schön und so groß, dass die Tränen zu laufen beginnen. Und ich muss denken, dass es ja eigentlich so etwas wie Sterben gar nicht gibt. Immer und immer wieder dreht sich alles im Kreis, vergeht, erwächst neu.

Das tröstet mich so sehr, dass ich lachen muss, immer wieder stehen bleibe, ganz still atme, die Sonnenstrahlen auf der Haut spüre und dankbar bin, noch zu leben.

Und dann sind die akuten Therapien vorbei.

Über ein Jahr lang haben sie mein Leben bestimmt.

Alles dominiert.

Meinen Tages- und Lebensrhythmus.

Ärzte, Schwestern, Pfleger, besorgte Freunde und
Verwandte.

Immer war jemand um mich herum.

Immer wusste jemand, was für mich gut ist.

Immer wusste jemand, was für mich schlecht ist.

Und jetzt?


Jetzt ist der Alltag wieder da.

Das ist ganz schön schwer.

Das fühlt sich an wie ein großes, tiefes Loch, das es zu
füllen gilt.

Nur mit was, weiß ich noch nicht.

Das eine ist nicht mehr.

Das andere ist noch nicht.

Ich befinde mich in einem Vakuum.

Einem Niemandsland.

Einer Zwischenwelt.


Die Erwartungen sind andere.

Von mir an mich.

Von anderen an mich.

Schließlich ist es doch vorbei.

Das Schlimmste ist überstanden.

Es gibt keinen Tumor mehr.

Die Blutwerte sind gut.

Die Therapien abgeschlossen.

Die schwierigste Schwelle, sie ist doch bereits

überschritten?

Warum also haderst du?

Was hindert dich, zu gehen?


Ich verstehe, dass das traurig sein schwer zu ertragen

ist, aber es ist doch nun mal so:

Es ist nix überstanden.

Vielleicht ist es sogar niemals überstanden.

Das alles gehört für immer zu meinem Leben.

Und es hat sich verändert.

Alles hat sich verändert.


Ich bin eine andere Frau.

Mein Kopf schreit nach neuen Herausforderungen.

Aber der Körper bremst und setzt Grenzen.

Die Seele wird zwischen beiden auseinandergezogen

wie ein Gummiband.

Leiert aus.

Porös.


Hier ist sie:

meine Liste mit allem, was ich seit Jahren schon tun

wollte, wofür ich aber angeblich nie Zeit hatte.

Wer soll es tun, wenn nicht ich?

Wann soll ich es tun, wenn nicht jetzt?

Ich lerne Klavier.

Ich singe.

Ich male.

Ich mache Yoga.

Ich sage: „Nein, ich kann mich darum nicht auch noch

kümmern!"

Ich sage: „Ja, ich will das!"


Vielleicht ist das die einzige Möglichkeit, durch die

man es vermeiden kann, zurückgelassen zu werden?

Selbst Schritte nach vorne zu gehen?

Ein Mensch legt in seinem Leben sowieso

einhundertfünfzig Millionen davon zurück.

Hat die Leiterin der Hand-Fuß-Gruppe gestern gesagt.

Unsere armen Füße gehen in unserem Leben mit uns also fast dreimal um die ganze Welt.

Sie machen jeden Fehltritt mit, sie stolpern mit uns und raffen sich auch mit uns wieder auf, trotz der Zweifel und Bedenken.

Grund genug, ihnen auch mal zu danken, oder?

Danke, liebe Füße.

Also, nach vorne gehen!

Und: Goldblättchen sammeln!

Wie wir das hier in jeder Morgenrunde tun.

Irgendetwas Positives gibt es immer zu entdecken.

An jedem Tag.

Auch wenn es noch so klein ist.

Man muss nur wollen.

„Schau, da schimmern bunte Blätter im Baum."

„Hör, wie die Vögel singen."

Das funktioniert.

Wirklich.

Aber auch nicht immer, ok.

Manchmal ist es eben anders.

Da komme ich mir dabei wirklich albern vor.

Da erscheint es mir so künstlich, an das Gute zu glauben.

Dann trauere ich meinem alten Leben nach.
Und der ganze Schmerz trifft mich mit voller Wucht.
Unerwartet.
Erwartet.
Wieder und wieder.

Denn nur ein Teil von mir weiß, dass ein Beruf lediglich eine Erwerbstätigkeit ist.
Dass es nicht das ist, was mich wirklich ausmacht.
Dass da schließlich andere, neue Dinge auf mich warten.
Kompromisse vielleicht, aber auch Chancen!

Die Trauer trifft mich, wenn ich Freunde an den Krebs verliere, als hätten sie sich untereinander verabredet, alle auf einmal zu sterben.
An Bauchspeicheldrüsenkrebs.
An Lungenkrebs.
An Gehirntumor.

Die Wut kommt, wenn ich Bewerbungen schreibe.

Eingeladen werde.

Abgelehnt werde.

Zu jung für eine Krebspatientin.

Zu alt für den Arbeitsmarkt.


Wenn ich das tausendste Antragsformular ausfülle und in meine fette Krankenakte hefte.

Wenn trotzdem immer noch irgendein Papier fehlt, mit irgendeinem Stempel darauf.

Was sind Papiere mit Stempeln gegen ein Leben?


Ich versuche, die Zwischenwelt zu verlassen.

Jeden Tag!

Und ich versuche, die Zähne zusammenzubeißen.

„Sei froh. Du hast überlebt!"

„Ja, habe ich."


Ein selbst gewählter Gegenstand soll mich daran erinnern, dass ich geduldig mit mir sein darf, meine Grenzen ernst nehmen.

Also erstehe ich einen Silberring mit drei kleinen, blattförmigen Bernsteinen.

Alle drei haben sie eine andere Farbe: grün, golden und braun.

Wie das Herbstlaub.

Ich stecke den Ring an meinen Finger und gebe mir selbst ein Versprechen.

Alles ist ein Kreis.

Alles ist ein Lauf.

Und Wandel ist darin das einzig Beständige.

# VIER

## Frühlingserwachen
*und andere (Wort-)Schöpfungen*

Ich bin einer dieser Körper.

Einer!

Ich bin ...

Ich und mein Ring gehen am Wasser entlang bis zum Fischerstrand. Der Schnee ist geschmolzen. Die Blätter sind weggeweht. Die Welt erschöpft sich neu. Es ist einfach ein schöner Moment. Und das ist doch Glück, oder? Wenn man einfach im Moment sein kann.

Ich habe in den letzten Jahren viele neue Wörter kennengelernt:

Tumorkonferenz.

Anschlussheilbehandlung.

Arbeitsbelastungserprobung.

Grad der Behinderung.

Nun kommen noch welche hinzu:

Bildschirmarbeitsplatzverordnung.

Bundesverfassungsgerichtsgesetz.

Betriebswirtschaftliche Produktionsfaktoren.

Ich schule um.

Ich erarbeite mir eine Zukunft.

Bekomme dafür andere Papiere mit anderen Stempeln.

Werde älter und vielleicht auch weiser.


Ich habe überlebt.

Immer wieder trauere um mein altes ich.

Immer noch erfinde ich mich neu.


Ich frage mich:

Bin ich da, wo ich jetzt bin, richtig?

Will ich das hier wirklich tun?

Habe ich dafür überlebt?


Und ich antworte mir:

Ich weiß es nicht.

Ich weiß es nicht.

Ich weiß es nicht.


Während der progressiven Muskelentspannung entsteht in mir plötzlich ein Bild: Eine rote Linie zieht sich durch mich hindurch. Sie setzt oben am Scheitel an und schlingt sich ohne abzusetzen durch den ganzen Körper. Malt einen Kreis auf die Stirn, schlängelt sich die Kehle entlang, zeichnet ein Herz unter die linke Brust und die Linien meiner Narben nach, auf der rechten und unter der Achsel. Im Bauchraum wird sie zur Kugel und gleitet durch die Beckenschale hin und her. Die Beine sehen aus, als würde sich ein sichtbares Nervensystem durch sie schlängeln und am Ende, an den Füßen, Wurzeln ausbilden. Rote Wurzeln, die tief in den Boden reichen.

Morgen fahre ich nach Hause!

Ich packe meinen Koffer und nehme mit:
Turnschuhe mit schwarzer Sohle an meinen voranschreitenden Füßen.
Einen Ring mit drei Steinen an meiner kribbelnden Hand.
Gewaschene Haare auf einem Kopf voller Ideen.
Narben auf meinem Körper und auf meiner Seele.
Und eine Liste voll von Dingen, die ich in meinem Leben noch tun möchte.
Vielleicht kaufe ich mir einen neuen Föhn?

Ich bin einer dieser Körper.

Einer dieser Körper, der nicht wiederhergestellt werden kann.

Einer dieser Körper, der nie mehr in dem Zustand sein wird, wie zuvor.

Ich bin ein lebender Körper.

ICH BIN.

## Black

Der Monolog „Wiederherstellung" wurde im Jahr 2017 im Rahmen der Duisburger Akzente „Umbrüche" uraufgeführt.
Die vorliegende Fassung ist eine Überarbeitung für dieses Buch aus dem Jahr 2020.
Die (Aufführungs-)Rechte liegen bei der Autorin.

# Proberaum Leben

Einige Personen suchen ein Stück

von Verena Meyer

Das Stück spielt im Proberaum einer Senioren-theatergruppe. Es ist geeignet für ein großes Ensemble; mindestens werden jedoch sieben Spieler*innen benötigt. Drei Textqualitäten sind zu unterscheiden:

1. Die Texte der sogenannten **Personen** können weiblich und männlich besetzt werden. Sie verkörpern die Spieler*innen der Theatergruppe. Die Textanteile können frei unter ihnen verteilt werden.

2. In den **Szenen** nehmen diese Personen folgende Rollen ein und spielen „Theater auf dem Theater":

Wirt/in 1 & 2, Mörder/in, Gast (aus: Macbeth)
Frau/en, Mann/Männer (aus: Romeo und Julia und Viel Lärm um nichts)
Hamlet, Geist (aus: Hamlet)
Theseus, Hippolyta, Eine/r, Andere/r, Puck (aus: Ein Sommernachtstraum)
Alte 1-4, Kind 1-3 (aus: König Lear)
Zapfer, Schlau (aus: Der Widerspenstigen Zähmung)
Ensemble (aus: Wie es euch gefällt)

3. Der **Chor** als Gemeinschaft der Sprechenden kommentiert und bricht Gedanken und Handlungen.

## P E R S O N E N :

## W A R T E N

Jetzt warten wir schon lang.

Ja.

Ganz schön lang.

Schrecklich lang.

Zu lang, finde ich.

Warten ist immer zu lang.

Eine zu lange Zeit.

Gedehnte Zeit.

Nutzlose Zeit.

Anstrengende Zeit.

Streng genommen vergeht nur gute Zeit schnell.

Nur gute ...

Gut Ding will Weile haben.

*(Alle seufzen. Pause.)*

Nur noch eine Weile warten wir, dann muss es

losgehen.

Was denn?

Was denn, was denn, was denn? Das Stück.

Welches Stück?

Na, unser Stück!

Unser Stück muss losgehen.

Los, los.

Auf, auf.


*(Wollen sich gerade aufraffen, werden aber gestoppt durch ...)*


Ich werde gehen.

Wenn keiner kommt, werde ich gehen.

Wer soll denn kommen?

Jemand, der uns sagt, wohin wir gehen sollen!

Wann es losgeht.

Was unsere Aufgabe ist.

Eine/r, die/der uns leitet.

Für die Rollen, die wir spielen ...

sollen.

In diesem Stück.

Über's Leben.

Über Leben?

## CHOR:
## ÜBER LEBEN

Leben ist ein Hauch nur.

Leben, dein Gesang.

Leben, deine Tonspur.

Leben währt nicht lang.

# BESTIMMEN

Aber wir können es doch auch allein ... bestimmen.

Bestimmt!

Allein?

Oder zusammen.

Zusammen?

Was denn?

Das Stück.

Welches Stück?

Na, unser Stück!

Und die Rollen, die wir spielen ... sollen.

Rollen?

In diesem Stück.

Über's Leben.

Über Leben?

Alt genug sind wir ja!

*(Alle lachen. Pause.)*

Wir können ja nicht ewig warten, bevor es endlich passiert.

Was denn?

Was denn, was denn, was denn?

Das Stück.

Welches Stück?

Na, unser Stück!

Unser Stück Leben.

Nicht ewig.

Also los.

Los, los.

Auf, auf.

*(Alle werden aktiv, bauen die erste Szene auf. Ein Tisch steht in der Mitte, alle sitzen darum, einen Becher in der Hand. Ein Stuhl ist frei. Der/die Mörder/in steht abseits.)*

# SZENE:

## SCHULD UND GEWISSEN

Wirt/in 1:

Willkommen seid nun ein für alle Mal.

Wirt/in 2:

Nehmt Platz! Gleich soll der Becher kreisen.

(*Zur Seite. Zum Mörder.*)

Wirt/in 1:

Auf deiner Stirn ist Blut. So ist er ...?

Mörder/in:

Tot. Die Kehle ist durchschnitten. Das tat ich nur für euch.

Wirt/in 1:

Dafür Dank. Nun mach dich fort; auf morgen genehm ich mehr.

Wirt/in 2:

Ihr seid kein heiterer Wirt. Wird nicht das Mahl durch Freundlichkeit gewürzt. Macht nicht die Höflichkeit den Wohlgeschmack der Speisen.

Wirt/in 1:

Du redest wahr. Gewiss. Nun ...

Gast:

Gefällt es euch denn nicht, sich hinzusetzen? Hier ist noch Platz.

*(Wirt/in 1 starrt auf den Stuhl, der angeboten wird.)*

Wirt/in 1:

Wo?

Gast:

Na, hier! Hierher! - Was schreckt euch so?

Wirt/in 1 (*Sieht wohl etwas Schreckliches*):

Wer von euch tat das?

Gast:

Was denn, mein/e Gute/r, was?


Alle:

Dem Wirte/der Wirtin ist nicht wohl.


*(Wollen sich erheben.)*


Wirt/in 2:

Bleibt sitzen. Schnell geht der Anfall vorüber. Esst, seht gar nicht hin.


*(Beschäftigen sich angestrengt, um nicht zu gaffen.)*


Wirt/in 2:

Oh, schäme dich. Schaust nur auf einen Stuhl!


Wirt/in 1:

Sie stehn halt wieder auf. Mit Todeswunden an den Köpfen. Und stoßen uns von unseren Stühlen. Das ist wohl seltsam; doch ...

Wirt/in 2:

Ihr entzieht euch euren Freunden.


Wirt/in 1:

Ha, ich vergaß. Wohlan, dann setz ich mich. Ha! Wein
her. Voll den Becher!

# P E R S O N E N :

## V E R G E S S E N ?

Prost.

Spielt weiter, Mann, spielt weiter.

Weiter, weiter ...

Heiter, heiter ...

… wird geschwiegen.

Verschwiegen, was er/sie sieht!

Den Tod?! Das Leid?! Die Schuld?!

Nur immer Tod und Leid und Schuld.

Zerstreuung ist doch unser Ziel.

Und Heiterkeit.

Wird nicht das Stück durch Heiterkeit gewürzt?

Man muss ja auch vergessen können.

Wir können nichts dafür.

Still. Schweigen. Einfach höflich sein.

Macht nicht die Höflichkeit den Wohlgeschmack der
Speisen?

Weil man sonst schwach ist?!

Nicht rein passt?!

Nicht richtig funktioniert!?

Weil sonst die Geister kommen.

Die Geister der Vergangenheit ...

Psssst.

(*Pause.*)

Doch das Gewissen.

Das Gewissen bleibt.

So schnell kann keiner rennen mehr von uns.

So schnell.

## CHOR:

## FORGET IT!, GAME. IOS, ANDROID, WINDOWS PHONE, 1,88 €

Forget it - Das Geister-Game für ihr Smart-phone! Auch und gerade für ältere Spieler geeignet. Dem Klassiker „Memory" liebevoll nachempfunden. Stück für Stück können sie hier unliebsame Erinnerungen spielerisch leicht aufarbeiten, anderen Gamern in die Karten schieben oder gleich ganz tilgen.

Mit Sepia-Fotografien in wunderbarem Retro-Charme und One-Touch-Stillhalteabkommen. Spielen ganz ohne schlechtes Gewissen. Dafür mit 1A Spezialeffekten.

*(Schneller Szenenwechsel.)*

## S Z E N E :

## L I E B   U N D   L E I D

Frauen:

Verleugne deine Herkunft, deinen Namen! Dein Nam
ist nur mein Feind.

Was ist ein Name? Was uns Rose heißt, wie es auch
hieße, würde lieblich duften.

Männer:

Ich nehme dich beim Wort! Nenn Liebster mich und
ich bin neu getauft!

Frauen:

Wer bist du, der du, von der Nacht beschirmt, dich
drängst in meines Herzens Rat?

Männer:

Mit Namen weiß ich nicht zu sagen, wer ich bin. Ich
weiß es nicht zu sagen.

Frauen:

Wie kamst du her, du Namenloser, und sag mir auch,
warum?

Männer:

Der Liebe leichte Schwingen trugen mich.

## PERSONEN:
## LIEBE IM ALTER

Bla bla bla.

Zu oft gesagt.

Zu oft gehört.

Und doch so schön.

Warum?

Der Liebe Schwingen trugen mich hierher.

*(Damen seufzen. Pause.)*

Warum verleugnet er?

Verleugnet seine Herkunft, seinen Namen.

Vielleicht hat er vergessen, wie er heißt.

Passiert mir auch.

*(Herren lachen. Pause.)*

Was ich nicht so vergesse.

Namen.

Von Nachbarn.

Von Freunden.

Von Kindern.

Schlüssel.

Vom Auto.

Vom Haus.

Vom Schuppen.

Socken.

Rechte.

Linke.

Bunte.

Schwarze.

Papiere.

Wichtige.

Unwichtige.

Große.

Kleine.

Essen.

Trinken.

Vergangenes.

Zukünftiges.

Worte.

Sätze.

Fragen.

Antworten.

STOPP!

Wieso?

Einfach so.

Das kannst du doch vergessen.

Alles.

Warum?

Darum!

Du wolltest doch vergessen!

Still.

Schweig.

Sei höflich.

Macht nicht die Höflichkeit den Wohlgeschmack der
Speisen?

Weil man sonst schwach ist?!

Nicht rein passt?!

Nicht richtig funktioniert!?

Weil sonst die Geister kommen.

Die Geister der Vergangenheit.

*(Die Szene wird umgebaut, neue Kostüme und Requisiten kommen
hinzu.)*

## SZENE:

## DIE GEISTER DER
## VERGANGENHEIT

Hamlet:

Sprich! Mir ist es Pflicht zu hören.

Geist:

Auch zu rächen, wenn du erst wirst hörn?

Hamlet:

Was?

Geist:

Ich bin deines Vaters Geist; verdammt auf eine Zeit
lang, nachts zu wandern und tags, gebannt, zu fasten in
der Glut, bis die Verbrechen meiner Zeitlichkeit
hinweg geläutert sind. Wär mirs nicht untersagt, das
Innre meines Kerkers zu enthüllen, so höb' ich eine
Kunde an, von der das kleinste Wort die Seele dir
zermalmte.

Hamlet:

O Himmel!

Geist:

Räche ...

Alle:

Was?

Hamlet:

Eil, es zu sagen, dass ich auf Schwingen, rasch, wie
Andacht und des Liebenden Gedanken, zur Rache
stürmen mag!

# P E R S O N E N :

# R A C H E   U N D   W U R Z E L N

Zur Rache stürmen?

Nein.

Nur nicht mehr Mord und Tod und Krieg mit all den Geistern.

Nur mehr noch Liebe, Schönheit, Harmonie.

Nenn Liebste/r mich und ich bin neu getauft!

Nicht von der Rache schwerer Schwingen wollen wir erzählen.

Der Liebe leichter Schwingen trugen uns hierher.

Nicht alles muss man zu erkennen geben.

Macht nicht die Heiterkeit den Wohlgeschmack des Lebens?

So ist es, ja!

*(Pause; alle denken angestrengt nach)*

Er muss ja auch nicht sagen, wer er ist.

Wer denn?

Na der, „Mit Namen weiß ich nicht zu sagen, wer ich bin. Ich weiß es nicht zu sagen".

Er soll es nicht wissen?

Woher er kommt?

Wo seine Wurzeln sind?

Wurzeln, Wurzeln.

Blumen haben Wurzeln, Zähne, mathemat'sche

Formeln. Jedoch nicht Menschen.

Nur Rosen. Rosen, die so lieblich duften.


*(Damen seufzen. Pause.)*


Er ist ein Fremder!

Ein Fremder?

Einer von denen?

Eingewandert.

Ausgewandert.

Allein in einem fremden Land.

Wie wir.

Damals.

Jetzt fang doch nicht schon wieder damit an.

Mit Heimat, Herkunft, fremdem Land.

Ich kann es nicht mehr hören.

Schließlich soll es hier um Liebe gehen.

Um Liebe, Schönheit, Harmonie.

Nicht um Vergessen, Herkunft, Wurzeln.

Nicht mehr um Mord und Tod und Krieg mit all den Geistern.

*(Pause. Nachdenkliches Spiel mit dem ein oder anderen Gegenstand.)*

Ein Stück über Liebe könnten wir ...

In unserem Alter!?

Womöglich noch mit … Sex?

Ich nehme dich beim Wort.

*(Peinliches Schweigen.)*

Es geht um Liebe. Nichts als Liebe.

Duftende Rosen. Geflüsterte Schwüre.

Echte Liebe.

*(Damen seufzen.)*

Wie wir getanzt mit leichten Schwingen.

Damals.

Damals, immer nur damals!

Wieder und wieder könnt ich's tun.

Warum nicht jetzt?

Und warum nicht?


*(Jemand stellt Musik an. Es wird glückselig getanzt, bis die Musik abrupt stoppt.)*

# CHOR:

## SILVERSEX. VIDEO. ANDROID, WINDOWS PHONE

Die berühmte Nachkriegsschauspielerin Anneliese Amsel zeigt mit ihrem langjährigen Partner in kurzen Videos Körperpositionen für die Generation 70+ und demonstriert so, dass man auch im hohen Alter nicht nur fit sein, sondern auch jenseits der Silberhochzeit Spaß zu zweit haben kann. Jetzt im Sonderangebot für nur 19,90 Euro. Ermäßigung von 50 % bei Vorlage eines Schwerbehindertenausweises.

## P E R S O N E N :

## E C H T ?

Nein. Nein. Nein.

Es geht auch nicht um Sex, um Körper, Falten,

Positionen.

Es geht um Liebe. Nichts als Liebe.

Um duftende Rosen. Geflüsterte Schwüre.

Echte Liebe.

(*Schweigen.*)

Wann haben wir zuletzt geliebt?

Ganz echt?

Und ohne Maske?

Wann haben wir uns das letzte Mal gezeigt?

Ganz echt?

Und ohne Maske?

Damals, immer nur damals!

Warum nicht jetzt?

Und warum nicht?

(*Pause*)

Bei meiner Hochzeit!?

Mann, was war ich aufgeregt.

(*Lachen. Dann Schwärmereien.*)

Und schön.

So schön.

In Weiß.

Und Silber!

Oder Gold?

## SZENE:

## HOCH UND ZEIT

Theseus:

Oh du Schöne … usw. usw. … Vier frohe Tage.

Hippolyta:

Vier Tage werden schnell in Nacht sich hüllen, vier
Nächte, bla, bla, bla, Mond, bla, bla, bla ... Hochzeit.

Alle:

Hochzeit!!!!!

(*Alle seufzen.*)

Theseus:

Ich rufe Alt und Jung zur Feier! Weckt auf die kecke,
flinke Lustigkeit! Verweist den Kummer zu den
Leichenzügen!

Alle:

Hoch lebe unser alter Herrscher!

Theseus: Dank euch, dank euch. Nun, was gibts?

Alle:
Großen Verdruss!

(A*lle stöhnen.*)

Eine/r:
Es geht um Liebe. Echte Liebe, wahre Liebe ... Ich bitte
Euer Gnaden, lasst uns wissen, …

Theseus:
Nach allem, was ich jemals hörte und jemals las in
Chroniken und Sagen: Der wahren Liebe Weg war
niemals leicht.

Alle:
Ihr seid kein heiterer Wirt ...

Theseus:
Entweder Unterschiede der Geburt ...

Frauen:

Was ist ein Name? Verleugne deine Herkunft, deinen Namen!

Theseus: Oder die Zahl der Jahre war zu ungleich ...

Alle:
Ist denn das Alter nicht egal?

Theseus:
Oder man hing von der Verwandten Wahl ab.

Eine/r:
Meine Eltern waren damals auch dagegen.

(*Ahmt die Stimme nach:*)

„Ein Flüchtlingskind nimmst nicht zum Mann/zur Frau."

Eine/r:
Ja, so war das früher.

Andere/r:

Damals.

Alle:

Damals. Damals. Immer nur damals!

Theseus:

Oder wenn schon die Wahl der Liebe stimmte,

belagerten Krieg, Tod und Krankheit sie, dass sie

dahinging, schneller als ein Schall.

## PERSONEN:

## WAS BLEIBT?

Oh, nein, oh nein.

Großer Verdruss!

Nicht wieder Krieg und Tod und Krankheit.

Zerstreuung ist doch unser Ziel.

Vergessen.

Heiterkeit.

Wird nicht das Stück durch Heiterkeit gewürzt?

Ja, ja, jetzt wissen wir's.

Man muss es ja noch sagen dürfen.

Und friedlich bleiben.

Und leben können.

Und noch mal lieben dürfen.

Einfach lieben.

Auch wenn man alt ist?

(*Pause*)

Weckt auf die kecke, flinke Lustigkeit!

Verweist den Kummer zu den Leichenzügen!

Wir sind (noch) keck.

Wir sind (noch) flink.

Siebzig ist das neue fünfzig.

# CHOR:

## ANTI-AGING, DIE BEAUTY-APP, IOS, ANDROID, WINDOWS PHONE, KOSTENLOS

Mit freundlicher Unterstützung der Firma „Mitgift" und ihren dermatologisch getesteten Kosmetikprodukten empfehlen wir: Hydra-facial! Hydrafacial ist eine revolutionäre Behandlungsmethode auf dem Gebiet der Hautverjüngung. Glatte, klare Haut ohne Botox oder Skalpell in nur 45 Minuten. Hydrafacial ist das zurzeit modernste und innovativste Detox-Treatment! Und: Die Behandlung hinterlässt keine Spuren, hat nicht die geringsten Nebenwirkungen und ist auch bei empfindlicher Haut problemlos anwendbar.

Das ist doch alles Blödsinn.

Blöd, blöd. Ok.

Aber Sinn?

Wo ist der Sinn?


Was geht denn dann, wenn nichts mehr geht?

Angeblich!

Nichts!

Sich noch mal neu verlieben?

Sich noch mal neu erinnern?

Was bleibt uns noch?

Das Alt werden!?

Der Tod!?

Sterben und Erben?


*(Szenenwechsel. Eine neue Dekoration wird aufgebaut.*

*Königsthron etc.)*

## SZENE:

## STERBEN UND ERBEN

Alte 1:

Es ist unser fester Entschluss, von unserem Alter Sorg und Müh zu schütteln.

Alte 2:

Sie jüngerer Kraft vertrauend, während wir zum Grab woll'n tanzen.

Frauen:

Mit leichten Schwingen.

Andere:

Pssst.

(*Seufzen.*)

Alte 3:

Wir sind gewillt bekannt zu machen, der Kinder festgeschriebne Mitgift.

Alte 4:

Das wir dem Streite so entgehen.


Alle:

Der Kinder nächster Generation.


Alte 1:

Sagt also an, ihr lieben Kinder, welches von euch liebt
uns am meisten?


Alte 2:

Das wir die reichste Gabe spenden dort, wo sie verdient
ist.


Kind 1:

Mehr lieb ich euch, als Worte je umfassen.


Kind 2:

Da bleibt es hinter mir zurück, denn ich fühl stets in
eurer Hoheit Liebe, mein einzig, ganz vollkommen
Glück.

Kind 3:

Ich lieb euch, wie es meiner Pflicht geziemt, nicht mehr und auch nicht minder.

Alle Alten:

Wie? - Was? - Bessere deine Rede.

Kind 3:

Ihr zeugtet, pflegtet, liebtet mich; und ich erwidre dieses, wie ich muss. - Doch niemals werd ich buhlen wie die anderen Kinder. Dich nur allein zu lieben.

Alle Alten:

Nimm deine Wahrheit dann als Mitgift. Und geh.

Ach geh.

So ist es doch.

Gewaschen habe ich.

Geschuftet.

Gekocht.

Den lieben langen Tag.

Die lieben langen Jahre.

Und was ist der Dank?

(*Pause*)

Und außerdem ist's viel zu traurig.

Woll'n wir nicht Müh und Sorg von unserem Alter

schütteln?

Zum Grabe tanzen?

Und mit leichten Schwingen?

Kinderleicht!

Weint keine Trän und lasst sie gehn'.

Seid froh und guter Dinge.

Das statt der Klag und dem Gestöhn.

Juchheissassa.

Juchheissassa erklinge.

*(Seltsame Blicke ob der Worte werden gewechselt.)*

Verweist den Kummer zu den Leichenzügen!

Weckt auf die kecke, flinke Lustigkeit!

Wir sind (noch) keck.

Wir sind (noch) flink.

Siebzig ist das neue fünfzig.

*(Pause.)*

Und außerdem ist es tabu!

Das Thema!

Tod!

Tabu!!!!!

Ganz einfach.

# CHOR:

## DEARDEATH – CHAT/TOOL. IOS, ANDROID, WINDOWS PHONE, JETZT REGISTRIEREN!

In der (noch) lebendigen Online-Community „Dear Death" können sie keck und flink über das Thema Tod chatten, ganz ohne Tabus! Kinderleicht in der Anwendung! Der RSS-Feedreader stellt zudem ausgesuchte Todesanzeigen, Grabreden, Beileidsbekund-ungen in übersichtlichen Layouts und typ-gerechten Inhalten zusammen. Die Schrift ist groß und auch für Senioren gut lesbar. Ebenso als Audio-Datei erhältlich.

## PERSONEN:

## HEITER UND WEITER

Jetzt sind wir immer noch nicht weiter.

Weiter, weiter ...

Heiter, heiter ...

Jetzt muss es ja mal losgehen.

Was denn?

Was denn, was denn, was denn?

Das Stück.

Unser Stück!

Unser Stück Leben.

Los, los.

Auf, auf.

*(Alle suchen in den Requisiten.)*

Vielleicht Komödie?

Und über was?

*(Eine/r nimmt eine Zeitung als Inspiration zu Hand; blättert, liest vor, zu den Worten kann es jeweils Reaktionen geben)*

Kriegerische Auseinandersetzungen,

Korruption,

Kostensteigerung,

Klimakatastrophe,

Krankenstand (zu hoch!),

Kitaplätze (zu wenig!),

Krisenstimmung,

Koalitionsverhandlungen,

Kollateralschaden,

Kraftwerksexplosion,

Kohlrouladen (im Angebot!)

Komisch.

Äußerst komisch.


(*Pause.*)


Oder doch Tragödie?

Und über was?


(*Suchen weiter in den Requisiten; eine/r macht Musik wieder an und tanzt allein*)


Tanzen (mit leichten Schwingen!)

Treue

Tiefe Liebe


(*Frauen seufzen.*)


Tanzen?

Tiefe Liebe?

Treue?


(*Musik aus.*)

# S Z E N E :

## T R E U E   U N D   T R Ä N E N

Männer:

Klagt Mädchen, klagt nicht ach und weh!

Kein Mann bewahrt die Treue!

Frauen:

Der Männer Trug war immer gleich

Seitdem die Schwalben ziehen?

Alle:

Seid froh und guter Dinge,

Dass statt der Klag und dem Gestöhn

Juchheisasa erklinge!

(*Pause.*)

Juchheisasa!

Juchheisasa also?

Oder besser: Trennung?

Tränen.

Träume (verpasste!).

Albträume?

Alte Träume.

Warum nicht neue Träume!?

Für das, was noch kommt.

Was soll denn noch kommen?

(*Pause.*)

Traumberufe!?

Der letzte Bildungsweg.

(A*lle lachen.*)

Die Renaissance der Erfahrung.

Führungskompetenz.

Fachwissen.

Stressresistenz.

Sozialkompetenz.

Weitblick.

Die Generation 50+ ist ein Zukunftsfaktor!


Wer's glaubt!

Wer braucht uns denn noch wirklich?

Und wo?

# CHOR:

## WORKOUT–LEBENSTRAINING, ONLINE–COACHING

Was sie jetzt brauchen ist unser Workout-Lebenstraining, das ihnen mit einer Mischung aus Kompetenzanalyse, Interessentest, Kommunikationstraining und Coaching behilflich ist, außerberufliche Lebensziele und -aufgaben zu finden und zu meistern. Das Angebot unseres Online-Dienstes umfasst Themen wie Zeitinventur, Gesundheitstest und Drittkarriere-Planung. Melden sie sich jetzt an und profitieren sie vom auf sie persönlich abgestimmten „Workout-Lebenstraining" ...

# PERSONEN:
## TRÄUME UND SCHÄUME

*(Pause; traurige Stimmung; warten; dann in die Stille hinein:)*

Dann lieber: Traumreisen!

Auf dem Traumschiff?

*(Alle lachen, summen die Titelmelodie des Fernsehklassikers; darüber wird gesprochen.)*

Musizieren auf Mauritius.

Töpfern in der Toscana.

Singen in Singapur.

Ich war noch niemals in New York!

*(Alle singen, tanzen; die Euphorie steigt.)*

Wir kurbeln die Konjunktur an.

Wir sind die BestShopper.

Die MasterConsumer.

Mit uns müsst ihr rechnen!

Wir sind die Generation Genuss.

Die Generation Gold.

Die entscheidende Generation!

Wir sind die Neuen Alten.

Die BestAger.

Die Senior Citizens.

Und wir sind viele!

Wir sind in der Mehrheit!

Wir sind Evergreens.

Wir bleiben!

Lange!

## CHOR:

## SENIORENONLINESHOP.DE, GRÖSSERE DARSTELLUNG: GLEICHZEITIG STRG UND + TASTE DRÜCKEN

Herzlich willkommen im Online-Fachgeschäft mit persönlichem Service. Wir erfüllen jetzt jeden ihrer Träume, bevor es zu spät ist! Wir bieten ihnen alles, von A wie Alltagshilfe bis Z wie Zahnersatz bequem per Vorkasse. Neu in unserem Sortiment: Tabletten-Ausdrücker, Ausdrückhilfe für Tabletten. Unser Preis: 4,99 Euro, inkl. 19 % MwSt. zzgl. Versand. Eine kleine, praktische Hilfe bei der man sagt „Warum habe ich die nicht schon viel früher gehabt?"

P E R S O N E N :

S P A R E N

Aber können wir uns das leisten?

Zu träumen?

Ohne Mindestrente?

Ohne Pflegestufe?

Fehlanzeige.

*(Pause; stilles Nachdenken; dann in die Stille hinein.)*

Dann eben töpfern in Tönisvorst.

Campen in Kempen.

Essen in Essen.

Kohlrouladen (sind im Angebot!).

*(Alle lachen; einer setzt eine Koboldmaske oder Narrenkappe auf und springt durch den Raum; albern.)*

## SZENE:

## DA REICHT DER MENSCHENVERSTAND EINFACH NICHT AUS

Puck:

Da reicht der Menschenverstand einfach nicht aus zu sagen, was das für ein Traum ist: Des Menschen Auge kann nicht hören, des Menschen Ohr kann nicht sehen, des Menschen Hand nicht schmecken, seine Zunge kann nicht begreifen noch sein Herz berichten, was dieser Traum ist.

# P E R S O N E N :

# T R Ä U M   W E I T E R

*(Jetzt eher trotzig; aufbegehrend)*

Und doch wollen wir nicht aufgeben!

Wir sind die BestShopper.

Die MasterConsumer.

Die neuen Alten.

Die Generation Genuss.

Wir träumen weiter.

Wir sind viele.

Wir sind in der Mehrheit!

Wir können gar nicht überhört werden.

So viele, wie wir sind.

Wir brauchen nur noch etwas, wofür es sich lohnt.

Die Stimme zu erheben.

Die Mehrheit auszukosten.

Es bleibt noch Zeit.

Immer mehr.

Fast 20 Jahre.

Zum Träumen.

Fast 7300 Tage.

Zum Leben.

Wir gehen mit 50 in Rente.

Wir ziehen mit 60 in eine WG.

Wir laufen mit 70 einen Marathon.

Und beraten mit 80 Firmen im Ausland.

Wir lassen uns mit 90 liften.

Und mit 100 steigen wir aus dem Fenster.

(*Alle jubeln*)

Wir machen, was geht.

Es geht noch viel.

Wir sind nicht alt.

Wir werden nur älter.

Wir sind wie guter Wein.

Je oller, je doller.

Ha! Wein her.

Voll den Becher!

Prost!

(*Sie stoßen an und trinken.*)

Wir sind wie Wetter.

Gefühlte Temperaturen.

Heiß auf's Leben.

Und den ganzen Rest.

Heiter auch.

Macht nicht die Heiterkeit das Wohlgefühl der Jahre?

Klagt nicht, klagt nicht, ach und weh!

Weckt auf die kecke, flinke Lustigkeit!

Verweist den Kummer zu den Leichenzügen!

Zu den Leichenzügen.

Verdammt noch mal.


(*Die Stimmung bricht jäh zusammen; Stille; man hört nur erschöpfte Atemgeräusche; vielleicht auch Herzklopfen*)


Und jetzt?

Was wird jetzt hier gespielt?

Wir wissen's nicht!

Und jetzt?

Was wird jetzt hier geprobt?

Für's Leben gibt es keine Probe!

Wacht auf!

## SZENE:

## TRAUM UND WAHRHEIT

Zapfer:

Wacht auf! Wacht auf! Jetzt, da der Tag an dem
kristallnen Himmel dämmert.

Schlau:

Sind all die Spieler fort?

Zapfer:

Was? Bist du besoffen?

Schlau:

Ich weiß jetzt, wie man Drachen zähmt, ich hab davon
geträumt die ganze Nacht.

## P E R S O N E N :

## D R A C H E N   U N D   Ä N G S T E

Drachen?

Zähmen?

Warum zähmen?

Immer zahm sein.

Höflich.

Still.

Haben wir nicht auch ein Recht?

Auf Drachen?

Das Recht, uns zu beschweren?

Feuer zu speien?

Haare auf den Zähnen zu haben?

Auf den Drachenzähnen?

Auf den dritten Zähnen!

Das Recht auf's Alt sein.

Auf Autorität.

Auf Albträume!

Albträume?

JA.

Albträume von Immobilität.

Passivität.

Pflegefällen.

Das Recht auf Angst?


Angst!!!???

JA.

Angst vor Abhängigkeit.

Angst vor dem Altersheim.

Angst vor Alzheimer.

Angst vor dem Abstellgleis.

Angst vor dem Alleinsein.

Angst vor dem Abkratzen.

Verdammt noch mal.

Vor „Aufstehen. Essen. Schlafen".

Vor Arthrose.

Altersstarrsinn.

Antriebslosigkeit.

Vor dem Aufhören müssen!

# CHOR:

## AGEPHOBIC, GAME. IOS, ANDROID, WINDOWS PHONE, 1,99 €

Spiele dich und deine Drachen durch verschiedene Zeitalter und vergrößere deine Skrupellosigkeit. Spiel dich von der Rente über den Rollator in den endgültigen, wohlverdienten Ruhestand. Level für Level werden dabei die Herausforderungen immer größer, während die Drachen kleiner werden. Ein echter Thrill, der am Ende ein packendes Duell zweier Helden auf Augenhöhe bereit hält. Nur du und der nackte Kampf ums Überleben!

# SZENE:

## DIE GANZE WELT IST BÜHNE

Die ganze Welt ist Bühne
Und alle Frau'n und Männer bloße Spieler.
Sie treten auf und gehen wieder ab
Sein Leben lang spielt einer manche Rollen.

Durch alle Level hin.

Der letzte Akt, mit dem die seltsam wechselnde
Geschichte schließt, ist zweite Kindheit, gänzliches
Vergessen, ohn' Augen, ohn' Zahn, Geschmack und
alles.

# P E R S O N E N :

## W O H L V E R D I E N T E R   R U H E S T A N D

Drum lassen wir es erst mal ruhen?

So wie es uns gebührt?

Und ganz nach unserem Geschmacke?

Gut.

Wenn es das ist, was ihr wollt ...

Wenn es so ist, wie es euch gefällt ...

Dann warten wir nicht mehr ...

zu lang.

## CHOR:

## EIN HAUCH NUR

Leben ist ein Hauch nur.

Leben, sei nicht bang.

Leben ist ein Hauch nur.

Leben währt nicht lang.

## PERSONEN:

## DAS ENDE

Fasst also frischen Mut; so lang ist keine Nacht,

dass endlich nicht der helle Morgen lacht.

Sagt der König.

Also los.

Los, los.

So wollen wir nun endlich ...

enden?


*(Alle räumen die genutzten Requisiten wieder weg, stellen den Probenraum wie zu Anfang wieder her; gehen auf die Position vom Stückanfang zurück.)*


Und sagt,

wann werden wir uns jemals wieder treffen?

Und wo der Ort?

Und wann die Zeit?

Wann fangen wir zu spielen an?

Unser Stück Leben.

*(Fassen sich bei den Händen, wie zum Abschiedsritual.)*

„Schön ist alt, und alt ist schön.

Wir weichen wie Wolken und Windeswehn.

Schön ist alt, und alt ist schön.

Wir weichen wie Wolken und Windeswehn.

Schön ist alt, und alt ist schön.

Wir weichen wie Wolken und Windeswehn."

*(Der Kreis löst sich auf. Die Personen gehen zu allen Seiten ab.)*

## Black

Das Stück „Proberaum Leben" entstand als Beitrag zum Stückewettbewerb NRW „Reif für die Bühne" im Jahr 2014 und wurde mit dem ersten Preis ausgezeichnet.

In der Laudatio heißt es über den Text: *pointiert, humorvoll, respektvoll, gnadenlos und warmherzig, kunstvoll komponiert, mit hinreißenden Persiflagen und von großer Qualität.*

Uraufgeführt wurde das Stück als Mehrgenerationenprojekt am Jungen Schauspiel Bochum im Jahr 2015.

Die vorliegende Fassung ist eine Überarbeitung aus dem Jahr 2020.

Als Grundlage für die Shakespeare-Texte wurde eine gemeinfreie Fassung überarbeitet.

Die (Aufführungs-)Rechte liegen bei der Autorin.

## ZUR AUTORIN

Verena Meyer, Jahrgang 1969, hat u. a. Theaterwissenschaft und literarisches Schreiben studiert. Zwanzig Jahre lang arbeitete sie als Dramaturgin und Theaterpädagogin an ver-schiedenen deutschen Bühnen. Ihre Theater-texte entstanden dabei immer aus der Praxis heraus. Für ihre Inszenierungen und Stücke erhielt sie zahlreiche Auszeichnungen. Verena Meyer lebt in Duisburg und ist dort sowohl als freie Autorin und Künstlerin als auch in der Öffentlichkeitsarbeit und Mediengestaltung tätig. Kontakt: www.verenameyer.net

Verena Meyer
# Spielen, Darstellen, Gestalten
Ein Theater-Mach-Buch

Das Theater-Mach-Buch führt schrittweise an das darstellende Spiel heran. Ein knackiger Theorieabschnitt führt in jedes Thema ein. Alle Übungen sind sofort umsetzbar.

*Sehr zu empfehlen!*

Buchverlag Kempen, 2019 (2. Aufl.)
ISBN 978-3-86740-647-5
16 Euro

Sandra Anklam, Verena Meyer
## Life. On Stage.
Handbuch Theatertherapie

Die theatertherapeutische Arbeit mit Gruppen ist Schwerpunkt des Buches. Dabei schaffen theoretische Annahmen zur Theatertherapie die Grundlage für vier anschauliche Praxisbeispiele.

*Eine echte Bereicherung!*

Schibri-Verlag, 2013
ISBN: 978-3-86863-117-3
19,90 Euro

Sandra Anklam, Verena Meyer, Thomas Reyer

# Didaktik und Methodik
# in der Theaterpädagogik

Szenisch-Systemisch: Eine Frage der Haltung!?

Theaterschaffende sind eingeladen, die eigenen Spiel- und Möglichkeitsräume zu erkennen, zu kreieren und zu gestalten, bewusst, kompetent, fundiert und kontextangemessen.

*Dieses Buch ist ein echter Schatz!*

Friedrich-Verlag, 2018
ISBN: 978-3-7727-1248-7
22,95 Euro